AF592592

M. L'ABBÉ GARDETTE

M. l'Abbé GARDETTE

M. L'ABBÉ GARDETTE

CHANOINE HONORAIRE D'AUTUN

AUMONIER DU CARMEL

DE

CHALON-SUR-SAONE

PARIS-AUTEUIL
IMP. DES APPRENTIS-ORPHELINS. — ROUSSEL
40, rue La Fontaine, 40

1887

M. L'ABBÉ GARDETTE

Chanoine honoraire d'Autun

Aumônier du Carmel de Chalon-sur-Saône

I

A trois ans d'intervalle, en 1810 et 1813, naissaient à la Clayette, dans une famille honorable et de modeste condition, deux enfants, deux frères qui devaient tenir une grande place dans le diocèse d'Autun. Ils furent tellement unis pendant leur vie qu'il est impossible de les séparer après leur mort et de retracer l'existence de l'un sans parler un peu de l'autre.

L'aîné, Élie-Benoît Gardette, devint successivement vicaire de Saint-Vincent de Chalon et de Mâcon, puis aumônier du collège de Chalon et enfin curé de la paroisse dans laquelle il avait débuté comme vicaire.

Le plus jeune, celui dont nous voulons surtout fixer ici le souvenir, devait occuper un poste moins en vue; mais l'influence qu'il exerça autour de lui n'en fut pas moins grande. Il reçut le baptême le jour même de sa naissance, le 20 Janvier 1813. On l'appela Jean-Marie. Ces deux noms ne semblent-ils pas présager la tendre piété qu'il professa, toute sa vie, envers le Très-Saint Sacrement et la Mère du Sauveur?

Un autre frère, Philippe, grandissait dans la même maison et promettait une belle intelligence. Dieu l'appela le premier et de bonne heure, préludant ainsi aux impôts successifs qu'il allait lever sur cet intérieur privilégié. Philippe mourut à l'âge de six ans et alla protéger, du haut du ciel, ceux qu'il laissait pour de longues et fécondes années sur la terre. La famille Gardette avait joui jusqu'alors du calme bonheur que donnent ordinairement la médiocrité sans ambition et les vertus du foyer domestique. *Parva domus, magna quies*! (1) M. Gardette, le curé, n'oublia jamais cette inscription qu'il avait lue un jour sur une petite habitation de la campagne romaine. Il la reportait volontiers à l'humble demeure paternelle. La mort de Philippe fut le premier chagrin qui en franchit le seuil. Élie surtout pleura beaucoup. Naturellement affectueux, et sensible à l'excès, la pensée de son frère l'obsédait de manière à inquiéter ses parents. « Je ne sais ce qui serait arrivé, disait plus tard Madame Gardette, si Jean-Marie n'avait été là pour distraire le cœur d'Élie et l'empêcher de songer toujours à Philippe? »

L'amitié étroite qui se noua dès lors entre ces deux âmes fraternelles ne devait subir aucune altération. Il y eut néanmoins, dans leurs tempéraments, des nuances tranchées. On les a comparés justement

(1) Petite maison, grand repos.

à deux vases d'élection, de forme différente, dans lesquels brûlait la même flamme. Ceux qui ont connu les deux frères, durant leur ministère à Chalon, apprendront, sans doute avec quelque surprise, qu'autant l'enfance d'Élie fut paisible, autant celle de Jean-Marie fut turbulente. Tandis que le premier manifestait, d'une manière sensible, l'attrait qui devait plus tard le porter au sacerdoce et s'isolait pour *dire la messe*, le second troublait, sans scrupule, ces pieuses occupations et se livrait avec ardeur aux jeux de son âge. Pendant que l'un, d'humeur tranquille, ne cherchait que la paix, l'autre serait allé volontiers au-devant des rixes et prenait feu dès qu'on lui parlait guerre et batailles.

Les signes de vocation ecclésiastique ne furent donc point aussi précoces chez Jean-Marie que chez Elie. Son imagination vive lui montrait le prêtre sur un sommet tellement élevé qu'il se croyait incapable d'en tenter l'ascension. Une anecdote d'enfance, que lui-même aimait à raconter, nous fait comprendre pourquoi ses aspirations restaient comme interdites devant la très haute et non moins singulière idée qu'il se faisait du sacerdoce. Sa mère l'ayant envoyé un jour au presbytère, il y arriva à l'heure du déjeuner et vit M. le Curé à table. Grande fut sa surprise ! Il avait cru, jusqu'à cette heure, qu'un prêtre ne mangeait ni ne buvait. « Dire, ajoutait-il, combien je fus désillusionné est chose impossible. » Quiconque a pu étudier de près M. Gardette devenu prêtre s'étonnera moins de cette création de son imagination enfantine. Dans cette belle figure sacerdotale, aimable sans jamais cesser d'être grave, reflétant le monde supérieur dans lequel elle vivait habituellement, ne retrouvait-on pas quelque chose de l'idéal entrevu à l'âge de sept ou huit ans ?

II

Jean-Marie fit sa première communion à la Clayette, sous le regard de ses pieux parents, dans les dispositions les plus édifiantes. Celui qui fait ses délices d'habiter avec les enfants des hommes dut prendre, avec amour, possession de ce cœur de douze ans, prédestiné à l'aimer par dessus tout et à le faire aimer par tant d'autres âmes. Ce fut vers cette époque qu'il entendit plus distinctement l'appel de la grâce et qu'il osa s'engager sur ce chemin du sacerdoce que son frère suivait déjà à grands pas. Après quelques leçons élémentaires de latin, il fut placé au petit séminaire de Semur où il passa cinq années. Ses études eurent à souffrir de la faiblesse de sa constitution. A plusieurs reprises, la maladie l'obligea à retourner à la Clayette respirer l'air natal et reprendre des forces.

Au commencement d'octobre 1833, il entrait au grand séminaire d'Autun, trois mois à peine avant que son frère ne montât au saint autel pour y célébrer sa première messe. Sa santé était toujours chancelante, et un mal d'yeux, dont il souffrit longtemps, ne lui permit d'être, à son tour, ordonné prêtre que le 25 mai 1839.

A notre grand regret, nous n'avons pu rassembler

que des souvenirs bien incomplets sur les années de sa préparation au sacerdoce. Les témoignages des contemporains, quand il s'agit d'un prêtre qui allait penser à ses noces d'or, sont devenus nécessairement trop rares et ne peuvent plus guère, à une si grande distance, que rappeler sommairement l'impression laissée par un confrère dont la vertu s'affirmait surtout en s'effaçant. Nous avons trouvé, cependant, un témoin autorisé dans la personne de M. Lacour, curé de Sassenay. Voici la lettre que cet ami des premiers et des derniers jours du défunt écrivait à la Révérende Mère Prieure du Carmel, quelques jours après la mort de son ancien condisciple :

« J'ai passé trois ans au grand séminaire d'Autun « avec M. Jean-Marie Gardette, votre très-regretté « et saint aumônier.

« Tel il a été pendant les quarante-six ans passés « au Carmel, tel il était déjà pendant tout le temps de « son séminaire. Par sa douce et tendre piété, par son « union intime avec le bon Dieu, par son assiduité « à l'étude, il était le modèle de ses condisciples qui « avaient tous pour lui la plus grande et la plus res- « pectueuse affection.

« Sa devise, à laquelle il a été fidèle toute sa vie, était « de ne rien faire, de ne rien dire pour se distinguer « des autres. Il a toujours mis en pratique cette ma- « xime du pieux auteur de l'Imitation : *Aimez à être « inconnu et à être compté pour rien.*

« Il ignorait seul son mérite qui était très grand. « On peut dire de lui ce qui a été dit de notre bon

« Maître : *il a passé en faisant le bien.* Et il ne se « doutait pas du bien qu'il faisait.

« Au ciel il sera le protecteur du Carmel comme « il l'a été sur la terre. »

Six ans de séminaire, dans de telles conditions, devaient avoir amassé dans cette âme des trésors de grâce. L'épreuve vint encore y ajouter. Son père, homme d'une parfaite honorabilité, d'une distinction de sentiments d'autant plus appréciable qu'elle n'était point le fruit de l'instruction, avait beaucoup désiré, avant de mourir, voir ses deux fils prêtres. Cette récompense ne lui fut point donnée. Atteint d'une maladie de poitrine dont l'air trop vif de la Clayette, au dire des médecins, accélérait les progrès, il était venu près de son fils aîné, alors aumônier du collège de Chalon, demander la santé au climat plus doux des bords de la Saône. Ni le déplacement, ni les soins empressés ne purent le guérir. La nostalgie, ce mal aussi vrai et profond qu'il est mystérieux, parut même aggraver son état et en précipiter le dénouement. Il mourut en avril 1839, un mois et demi avant la promotion au sacerdoce de son plus jeune fils. Avant d'expirer, il demanda que ses restes fussent transportés à la Clayette. Un désir du père était un ordre pour les enfants. Ils y déférèrent quoi qu'il en coutât à leur cœur.

Ce fut donc en revenant de s'agenouiller sur la tombe de son père que Jean-Marie dut se préparer à sa première messe. Il quittait un Calvaire pour remonter à un autre. Son âme trempée dans ce double sacrifice y puisa une nouvelle et surnaturelle énergie. Elle en sortit plus vivante que jamais et forte pour toujours.

III

Quelques semaines après son ordination, M. l'abbé Jean-Marie Gardette fut envoyé comme vicaire à Givry. Il y demeura peu de temps. Les désordres du monde le mettaient hors de lui; il n'était point organisé pour vivre au milieu des pécheurs.

La première fois qu'il fut appelé à donner le sacrement d'extrême-onction, il se trouva en présence d'une malheureuse femme qui venait d'être frappée de paralysie dans un état complet d'ivresse. Devant cette repoussante dégradation, l'âme du jeune prêtre fut prise d'une inexprimable douleur. La vue du péché sous cette forme hideuse, la crainte que les miséricordes divines ne fussent inapplicables à cette pauvre créature privée de parole et probablement de connaissance, le navra tellement que, sur le champ, pour réparer, autant qu'il était en son pouvoir, ce malheur et ce scandale, il fit vœu de se priver de vin pendant plusieurs années.

D'autres souffrances, dont il parlait rarement et avec discrétion, l'affectèrent vivement. Il avait apporté toute son ardeur dans le ministère de la parole, de la pénitence, des malades et des catéchismes. Le succès ne vînt pas, tel du moins qu'il l'attendait.

Il avait cru qu'il suffisait d'un zèle pur, d'une volonté déterminée et d'un loyal amour du prochain pour opérer de nombreuses conversions. La déception lui fut pénible, et il resta, un instant, incertain sur la voie qu'il devait suivre. Il était tenté par la vie religieuse, et peut-être le grand exemple d'édification qu'il nous a laissé eut-il été perdu pour le diocèse, si sa santé toujours incertaine ne l'avait obligé à aller se reposer auprès de son frère. C'était là que la Providence venait de lui préparer sa voie et l'attendait.

IV

On était en septembre 1840. Depuis le mois de Juin de cette même année, la communauté des Carmélites se trouvait sans aumônier. M. Elie Gardette, aumônier du collège, s'était charitablement offert à leur en tenir lieu jusqu'à ce qu'elles fussent régulièrement pourvues, et venait souvent prier dans leur chapelle. Tout naturellement l'abbé Jean-Marie y vînt avec lui. La première fois qu'il y entra, les religieuses récitaient les vêpres. Une impression indéfinissable s'empara de lui. Cette psalmodie lente et grave, la pensée et comme la vision de ces âmes entièrement séparées du monde et totalement données à Dieu, la solitude de cette petite chapelle tout embaumée de recueillement et de silence, la propreté exquise qui était alors toute sa parure, cet ensemble de piété, de pureté et de paix, qui est l'atmosphère propre des cloîtres, pénétra jusqu'au fond de son cœur et y fit naître le désir d'être le gardien attitré de cette maison sainte. Mais, humble comme il l'était, et sentant que sa jeunesse (il n'avait que vingt-huit ans) serait peut-être un obstacle à la réalisation de ce désir, il le renferma dans son âme et se contenta de le confier à l'hôte du Tabernacle qu'il vint désormais visiter tous les jours.

De leur côté, les Carmélites offraient à Dieu leurs plus ferventes prières pour obtenir de lui un prêtre qui pût se charger exclusivement de leur direction. Une neuvaine avait été demandée, dans ce but, au vénérable M. Desgenettes, curé de Notre-Dame des Victoires, et la communauté, confiante en l'intercession toute-puissante du Cœur immaculé de Marie, espérait recevoir bientôt du ciel la faveur qu'elle implorait.

Peu de temps après sa première visite à la chapelle, M. l'abbé Gardette eut un entretien au parloir avec la Révérende Mère Prieure du Carmel, et, bien qu'il ne révélât rien de ses intimes désirs, celle-ci crut en deviner quelque chose. Cette coïncidence avec les prières qui se faisaient, la conversation pieuse du jeune prêtre, la gravité et l'élévation de ses vues, son intelligence des choses intérieures si remarquable à son âge, tout lui fit juger qu'elle avait en lui comme une réponse de la divine Providence et la décida à le demander pour aumônier. Mgr d'Héricourt, alors évêque d'Autun, répondit favorablement. M. l'abbé Gardette reçut sa nomination dans les premiers jours d'octobre et, le 15, fête de Sainte Thérèse, l'illustre réformatrice du Carmel, il se trouva assez fort pour chanter la messe et rendre ce premier hommage à la grande sainte qu'il devait glorifier pendant près d'un demi-siècle.

On disait de lui, sans bienveillance, dans les commencements de son ministère, qu'il était l'homme des petites dévotions. Il montra bientôt aux plus prévenus qu'il était, avant tout, l'homme de la grande et forte piété chrétienne et religieuse.

Les anges gardiens du Carmel pourraient seuls redire le bien que produisit sa direction. Porté par la nature même de son esprit, à s'élever jusqu'à ces horizons qui dominent les choses terrestres, il était, plus qu'un autre, à même de soutenir la marche ascendante de ces âmes dont l'application continuelle doit être de gravir les hauteurs de la perfection.

Dès le début de sa vie d'aumônier, comprenant l'étendue des devoirs que lui imposait ce titre, il appliqua toutes ses facultés et tout son zèle à former des religieuses qui puissent, selon leur vocation sainte, faire œuvre de réparation et attirer sur le monde les grâces de miséricorde et de pardon dont il a besoin.

Attentif au caractère, aux attraits, à la mesure de grâce des âmes que l'appel d'en haut rangeait successivement sous sa conduite, il s'occupait de chacune en particulier avec autant de dévouement que s'il n'eût eu qu'elle à suivre. Sa direction, qui pour toutes, tendait au but unique de l'union avec Dieu par la conformité parfaite de volonté avec Jésus-Christ, se diversifiait en autant de formes qu'il voyait de conduites différentes dans les opérations divines. Discret dans son zèle, il secondait l'action de la grâce sans la devancer. Le cachet propre de ses avis spirituels était la fermeté. Quand une âme hésitante entre deux partis à prendre n'osait se décider seule et allait le consulter, elle pouvait être assurée à l'avance de recevoir une solution qui l'inclinerait du côté du sacrifice.

Dieu, qui l'avait pourvu si amplement des qualités propres à sa mission, lui avait ménagé une auxiliaire digne de lui dans la personne de Mère Marie du Sacré-Cœur, prieure de la communauté.

Ame grande et généreuse, mûrie de bonne heure par des épreuves de plus d'un genre, cette vénérée Mère était véritablement douée pour comprendre et seconder le zèle du prêtre dont elle avait deviné le mérite. Guidée par lui dans les voies difficiles où Dieu la faisait marcher, elle s'inspirait de son esprit et de ses conseils pour le gouvernement intérieur de la maison et pour cette direction journalière et tout intime qu'elle donnait elle-même à ses filles avec tant de fruit.

De cette impulsion directive, double dans ses agents mais une dans son but, résulta un bien immense pour les âmes qui trouvaient tour à tour, en elle, lumière pour comprendre, élan pour suivre, prudence pour discerner et régler les saintes inspirations du divin amour.

Ce que M. Gardette fut pour la Révérende Mère Marie du Sacré-Cœur, il le fut pour toutes celles qui occupèrent la même charge. Si nous l'avons nommée de préférence, c'est parcequ'elle travailla, la première, de concert avec lui, et qu'appelée six fois, par le suffrage de ses sœurs, à gouverner le monastère, elle fut plus longtemps sa coopératrice. La con-

formité de vues qui s'était établie entre ces deux âmes subsista, sans interruption et sans déclin, jusqu'au jour où Dieu rappela à lui sa fidèle servante.

Une parole qu'elle prononça, dans sa dernière maladie, montra bien comment M. Gardette savait faire passer dans l'âme de ses filles spirituelles l'esprit de détachement absolu qui l'animait. Lorsqu'elle dut recevoir le saint Viatique et l'extrême-onction, l'aumônier était retenu lui-même dans sa chambre, par une grave bronchite, et il fallut appeler, pour administrer la Révérende Mère, M. le Curé de la paroisse. A l'une de ses filles qui lui exprimait sa peine, au sujet de l'absence de son confesseur habituel, elle fit cette réponse admirable. « Les sacrements sont quelque chose de si grand, ils parlent si haut par eux-mêmes qu'ils suffisent pour combler tous les désirs de l'âme qui les reçoit. »

Ce ne fut point seulement sous le rapport spirituel que son action bienfaisante se fit remarquer. Dévoué entièrement à son Carmel, M. Gardette en était devenu aussi le père temporel. Grâce à son désintéressement et à la souscription dont il fut le promoteur, le couvent fut agrandi, réparé, presqu'entièrement reconstruit. Il dirigea personnellement et avec un rare talent tous ces travaux, et n'épargna ni soucis ni fatigues pour qu'ils soient exécutés dans les conditions désirables d'économie et de solidité. Pendant dix ans, le recueillement des bonnes sœurs fut troublé bien souvent par le marteau démolisseur et reconstructeur. En 1854, tout était terminé. De cette époque date la popularité de bon aloi dont MM. les abbés Gardette jouirent jusqu'à la fin dans la classe ouvrière. Que de fois n'avons-nous pas entendu des hommes du peuple dire, en parlant d'eux : « Ce sont des hommes qui font travailler et qui s'y connaissent. » On aurait pu ajouter : « et qui payent généreusement ». Mais on le pensait tout bas.

VI

Cette phase de l'existence de M. Jean-Marie Gardette fut la plus douce. C'était l'âge d'or de sa vie sacerdotale. Tout contribuait alors à former et entretenir autour de lui une atmosphère délicieuse. Vivant, dans l'intimité d'une même demeure, avec le frère qu'il aimait de la plus vive tendresse, entouré de la considération du clergé et de la meilleure partie de la population, jouissant, en outre, de la présence d'une mère vénérée, qui, depuis la mort de son mari, était venue habiter définitivement avec ses fils, attaché à des fonctions modestes, il est vrai, en même temps que délicates, mais qu'il estimait le plus conforme à ses aptitudes, l'heureux aumônier du Carmel n'eût pas échangé son sort contre la situation la plus brillante.

Ses journées se suivaient et se ressemblaient beaucoup. En faire connaître une, c'est les esquisser à peu près toutes.

Il se faisait remarquer par une ponctualité mathématique à remplir les devoirs de sa charge. A voir la régularité avec laquelle il se rendait au Carmel et le recueillement qu'il apportait à s'acquitter de ses fonctions saintes, on l'eut pris pour un religieux de stricte observance. Aussi, le public, dont le jugement, quand il est spontané et libre, ne manque souvent ni d'à-propos ni de justesse, frappé de ses allures monastiques et l'unissant de nom comme il l'était d'esprit et de cœur à sa famille religieuse, le désignait-il, pour le distinguer de son frère, sous le nom de « Père Carme. » Ce nom devait peu à peu remplacer presque exclusivement le sien. Arrivé, chaque matin, de bonne heure, à sa chapelle, il passait d'abord une heure en oraison, puis se rendait à la sacristie et préparait minutieusement son missel. Aussitôt que la cloche du couvent sonnait, revêtu des ornements sacerdotaux, il entrait gravement dans le sanctuaire, et déjà sa seule apparition élevait les âmes à Dieu. De tous ceux qui l'ont vu au saint autel qui donc n'en a pas ressenti une augmentation d'amour divin? C'est là surtout que rayonnait la pureté de sa foi et que sa dignité de prêtre frappait tous les regards. Jamais de précipitation dans la célébration des saints mystères, jamais un signe qui témoignât d'une préoccupation étrangère.

Son attitude, ses gestes, la gravité, un peu lente pour les autres, mais toujours naturelle, avec laquelle il prononçait les paroles liturgiques et accomplissait les moindres cérémonies, respiraient l'attention sainte dont il était pénétré. Affirmer d'un prêtre que la ferveur de sa jeunesse sacerdotale ne s'est jamais démentie, c'est un grand éloge ; pour lui, nous croyons que ce ne serait pas assez. Quelqu'un osait lui dire, un jour, que sa piété, en offrant le saint Sacrifice, paraissait aussi vive que lors de sa première messe : « J'espère bien, mon enfant, répondit-il avec simplicité, qu'elle s'est encore accrue ; c'est dans l'ordre. »

Après son action de grâces, il entrait au confessionnal pour entendre les personnes du dehors qui s'adressaient à lui et n'en sortait que pour prier et y revenir bientôt. Sa matinée se passait ainsi en alternatives de secours spirituels prodigués aux autres ou demandés pour lui.

Dans l'après-midi, il prenait quelques instants de récréation avec sa mère et son frère, sur la terrasse ou dans la cour de cette maison de la rue de la Motte, si intelligemment aménagée. Il visitait quelques malades ou bien faisait une courte promenade hygiénique. Après la mort de madame Gardette, les deux frères firent toujours cette promenade ensemble, et elle avait rarement d'autre but que le cimetière. Ce fidèle et touchant pèlerinage au tombeau de leur mère a été l'un des exemples bons et efficaces que MM. les abbés Gardette ont donnés à la ville de Chalon. Il a certainement contribué à développer, dans la population, la dévotion aux défunts. Après la mort d'Elie, Jean-Marie continua à faire, seul, la pieuse visite. Il n'y manqua que lorsque l'affaiblissement de sa santé la lui rendit impossible. Y a-t-il, au cimetière de Chalon, une sépulture qui ait entendu des prières aussi fréquemment renouvelées, que celle qui renferme aujourd'hui les restes de madame Gardette, du pieux, et bon, et sympathique abbé Alloin, mort vicaire de Saint-Vincent en 1871, victime de son dévoûment à nos soldats atteints de la variole, de MM. Elie et

Jean-Marie Gardette? *Bienheureux les morts qui meurent dans le Seigneur!* C'est l'épitaphe gravée sur le socle de la croix blanche à l'ombre de laquelle ces corps vénérés attendent la résurrection. Bienheureux entre tous les autres, pouvons-nous ajouter, ces chers morts, quand ils laissent après eux des cœurs qui leur continuent affection et souvenir devant Dieu !

A trois heures, M. l'abbé Gardette retournait à sa chapelle et se remettait, comme le matin, soit à la prière, soit aux confessions. A cinq heures, il faisait encore une heure d'oraison devant le Très-Saint Sacrement, puis, tout travail cessant, il rentrait chez lui, collationnait plutôt qu'il ne dînait, faisait quelque lecture de piété, récitait son chapelet et terminait la journée par une longue prière du soir.

Le vendredi, il mettait à son règlement une légère variante. Comme il savait que l'Eglise de la paroisse est souvent déserte d'onze heures à midi, il s'y rendait à ce moment-là et passait une heure d'adoration dans la chapelle du Sacré-Cœur.

VII

M. Gardette lisait peu les journaux. Pendant ses dernières années particulièrement, il n'était pas rare de trouver sur sa table cinq ou six numéros du *Monde* dont la bande n'avait pas même été enlevée. Comme on lui en faisait l'observation. « Que « voulez-vous? répondit-il, je m'abonne pour sou- « tenir et encourager la presse religieuse, mais les « nouvelles qu'elle nous donne, depuis longtemps,

« sont si uniformément tristes que j'aime mieux ne « plus les lire. »

Il était loin pourtant de se désintéresser de l'histoire de l'Eglise et des épreuves de son pays.

Pendant le Concile du Vatican, son frère et lui, attachés d'un seul et invincible amour à l'Eglise Romaine, soumis d'un même esprit à ses enseignements, suivaient néanmoins les travaux des Pères avec des vues et des appréciations différentes, qui se traduisaient en intéressants débats. Elie, par son tempérament, ses amitiés, son culte pour le grand évêque d'Orléans, était avec les inopportunistes. Il ne pouvait se défendre de lancer des traits vifs, parfois sanglants à *l'Univers*... qu'il lisait tous les jours, et renvoyait son frère *aux jardins de sainte Thérèse*, « où ta supériorité, ajoutait-il amicalement, est in« contestée ». Jean-Marie enthousiaste, fougueux même, quand il s'agissait des intérêts vitaux de la catholicité, n'admettant pas que le concile eût à se préoccuper des puissances du monde, voulait, *à priori*, tout ce qui tendait à grandir encore la majestueuse figure du pape qui gouvernait alors l'Eglise. Il se passionnait pour la définition de l'infaillibilité pontificale, cette vieille vérité qu'on allait appeler un dogme nouveau, en indiquait les multiples avantages, et, dans la chaleur de l'énumération, en voyait même d'imaginaires, tels par exemple, que le triomphe de l'Eglise, du vivant de Pie IX... Il tenait beaucoup à cette opinion, bien qu'il ne l'exprimât que poussé à bout. La mort de l'illustre Pontife, avant la réalisation de ses espérances, lui fut un coup douloureux

Il parlait ensuite de ces déceptions avec une édifiante humilité. « Eh bien, oui, disait-il, j'avais cru... j'avais « cru à une merveilleuse et rapide résurrection de la « foi. »

Hâtons-nous d'ajouter qu'il accorda bien vite à la haute sagesse de Léon XIII toute l'admiration qu'il avait professée pour l'indomptable vaillance et les vertus éprouvées de son prédécesseur.

Après le concile, aux jours néfastes des plus grands désastres de notre histoire nationale, bien que ni son âge, ni ses fonctions habituelles ne semblassent le désigner pour offrir son ministère aux soldats blessés, il tint néanmoins à être inscrit pour l'ambulance de la rue aux Fèvres et la visita assidûment. Les prières qui s'élevèrent de son âme de prêtre et les souffrances qu'endura son cœur de Français, à cette époque dont l'éloignement ne saurait affaiblir pour nous le navrant souvenir, montrèrent, une fois de plus, par quels liens étroits et forts sont unis la sainteté et le patriotisme.

« On prie sans interruption, dans chacune des pa-« roisses, écrivait-il. Et comme cette prière publique « semble bien être à la fois le cri de l'âme et l'expres-« sion d'un sentiment de componction, il faut « espérer que la miséricorde divine daignera l'agréer. « Du moment où l'on sera généralement convaincu « que nos peines ne sont qu'un châtiment et « que l'amendement ainsi que le recours à Dieu renfer-« ment la vraie raison de nos espérances, le secours « céleste ne se fera pas attendre longtemps. Ceux « qui n'envisagent les événements que d'une manière

« humaine sont à plaindre, bien à plaindre. Je ne vois « guère sur quoi peut s'appuyer l'opinion d'un mieux « à venue prochaine. . . . .

« . . . Par malheur, la France ne sait plus se dé- « fendre; elle subit des défaites avec des armées qui, « autrefois, auraient porté haut le drapeau par « toute l'Europe, et elle se rend avec des forces qui « suffiraient pour gagner de grandes batailles. « Vraiment ce serait à mourir de confusion si on n'y « voyait pas une punition divine et, par suite, une leçon « destinée à produire des effets de régénération »

Et dans une autre lettre :

« Qu'ils sont malheureux, aujourd'hui surtout, « ceux qui n'ont pas la foi pour appui, et l'amour divin « pour centre. Quel horrible mystère pour eux que « celui de nos tristes défaites ! Pour nous il n'y a souf- « f ances sans doute, et même souffrances indiscibles; « mais, pendant que tout ce qui sent en nous gémit « sous la dure pression de ces faits malheureux, « notre esprit s'élève vers la raison providentielle « qui les domine ; et là se montre à nous l'économie « d'ensemble que le langage de la foi appelle du nom « si doux de *conduite de Dieu*, c'est-à-dire de celui « qui est essentiellement Père. De sorte que, tout en « pleurant sur les maux présents, nous sommes plus « affligés encore des causes radicales qui les ont fait « se produire : et laissant de côté le soin impossible « de supputer la m sure croissante des événements, « nous devons n ous employer entièrement à sollici- « ter la grâce qui change les cœurs pour les prépa- « rer au pardon.

« La vérité substantielle des choses est tellement « là que nous serions déjà tout consolés si nous pou- « vions voir notre chère France profiter de ses humi- « liations pour revenir sincèrement à Dieu. Quant à « moi, tant misérable que je suis, il me serait bien doux « de donner, mille et mille fois, ma vie pour lui obte- « nir la grâce d'affirmer bientôt ce principe souverai- « nement essentiel : qu'elle ne doit plus se séparer de « l'Église, socialement parlant, mais qu'elle doit « emprunter les éléments constitutifs de son gouver- « nement à cette Mère et Maîtresse qui apprend d'au- « tant mieux à conduire les choses du temps qu'elle a « mission de les diriger dans le plan de l'éternité. »

Que de malheurs auraient été évités, si toutes les âmes Françaises avaient battu à l'unisson de l'âme du Père Carme !

VIII

Revenons à quelques années en arrière.

Au mois de mai 1860, M l'abbé Bourdon. curé de Saint-Vincent de Chalon depuis plus de trente ans, fut enlevé à l'affection du clergé et de ses paroissiens. Prêtre distingué par sa bonté, son éloquence, et plus encore par sa piété, il laissait, en mourant, un vide difficile à remplir. De son vivant, le mérite et les vertus des abbés Gardette ne lui avaient point échappé. Il disait quelquefois, en faisant remarquer « la foule qui entourait leurs confessionnaux : Ce « sont eux qui font refleurir la piété dans ma « paroisse. » Parole d'une modestie exagérée et qui effaçait beaucoup trop l'action féconde de celui qui la prononçait ! Frappé de l'estime qu'ils s'étaient acquise, M. Bourdon jeta les yeux sur l'aîné et le désigna, dit-on, à Mgr de Marguerye comme capable de continuer son ministère pastoral à Chalon. Sa Grandeur s'en souvint et offrit le poste vacant à l'abbé Elie Gardette. Ce ne fut pas sans larmes que celui-ci reçut cette proposition. Dans ces larmes, dont il parla souvent, y avait-il le pressentiment des amertumes qui devaient marquer d'une pénible empreinte ses dernières années et peut-être les abréger ? Nous ne savons. Toujours est-il que pas n'était besoin d'une science profonde de l'avenir pour prévoir que le poids redoutable de la responsabilité d'une grande paroisse allait modifier considérablement et même troubler la vie paisible qu'il avait partagée jusqu'alors avec sa mère et son frère. Les instances de son évêque, les exhortations pressantes de son frère, qui lui présentait comme un devoir de conscience l'acceptation d'une charge pour laquelle Dieu l'avait préparé, finirent par vaincre ses résistances. Il s'inclina sous le fardeau et fut installé au mois de juillet de cette même année.

« Je t'aiderai » lui avait dit Jean-Marie. Il l'aida certainement, mais avec tant de discrétion qu'on soupçonna, plutôt qu'on ne vit sa coopération.

La première des œuvres auxquelles il prit une part plus active fut la restauration de l'antique cathédrale de Saint-Vincent.

Depuis le jour où M. Élie Gardette avait accepté d'en être le curé, il avait formé le projet de cette réparation appelée par les vœux de toutes les personnes capables d'apprécier la valeur d'un tel édifice. Nul n'était plus à même que les deux frères de mener à bonne fin cette entreprise vaste et hardie. Artistes par goût, archéologues par instinct autant que par étude, amateurs du beau sous toutes les formes, mais surtout sous la forme religieuse, connaisseurs en matière d'architecture et sachant diriger les ouvriers avec autant d'habileté que de prudence, il semblait que Dieu les eût prédestinés à cette œuvre. Ils s'y consacrèrent avec un dévoûment et une persévérance qui furent couronnés de succès. Dans un espace de temps relativement très-court, le vieux monument fut rajeuni et sa beauté première rendue aux regards émerveillés des Chalonnais et de tous les étrangers qui le visitaient. Sans doute M. le curé eut, à beaucoup près, la plus large part de ce travail, mais il est certain qu'il fut puissamment secondé par son frère avec lequel il traçait tout les plans et qu'il consulta t en tout. Du reste, le Père Carme ne se borna pas à donner des conseils, il voulut contribuer matériellement à l'embellissement de l'édifice et prit à son compte les frais de restauration de la chapelle de St--Joseph.

Quant aux œuvres de piété proprement dites, il s'unissait à toutes et favorisa de tout son pouvoir leur développement dans la paroisse. L'association du Sacré-Cœur de Jésus et la confrérie du Très-Saint Sacrement lui durent, en grande partie, l'une sa naissance, l'autre son rétablissement.

Mais ce n'était pas seulement à la paroisse de Saint-Vincent qu'il venait en aide. Toutes les associations de la ville se plaisaient à le nommer leur bienfaiteur et le revendiquaient pour protecteur et pour ami. L'une d'elles a le droit de le regarder tout particulièrement comme son père. Nous voulons parler de la société des Jeunes-Économes établie à Chalon par M. l'abbé Juillet, vicaire général, et qui, depuis, a pris de si heureux développements.

Cette œuvre eut une grande place dans les prédilections de M. Gardette, parce qu'elle répondait à son zèle apostolique. Il l'avait vue naître, il avait compris sa haute portée et l'heureuse influence qu'elle pouvait exercer, dans tout Chalon, sur les jeunes personnes de la classe élevée, en les initiant de bonne heure à l'amour de Dieu et des pauvres, et sur celles qui, déshéritées des biens de la fortune, devaient y trouver secours et protection.

Devenu son directeur en titre, il lui prodigua de plus en plus son dévouement. Il venait donner aux jeunes filles patronnées des instructions pieuses, s'informait avec le plus grand intérêt des notes qu'elles avaient reçues à l'atelier ou à l'école, et se plaisait à les récompenser pour les encourager à la persévérance.

Une des consolations du bon Père, avant de mourir, a été de voir sa chère maison de la rue de la Motte, qu'il avait dû quitter et aliéner après la mort de son frère, servir de lieu de réunion aux Jeunes-Économes et aux enfants dont elles s'occupent.

Pour compléter le tableau bien raccourci de ses œuvres, nous devons dire un mot des rapports de M. Gardette avec les communautés religieuses de Chalon. Pas une de leurs Supérieures qui ne soit venue, de temps en temps, prendre ses conseils, requérir son appui, apprendre de lui la science de donner les âmes à Jésus-Christ, et de donner Jésus-Christ aux âmes.

Il faudrait les nommer toutes ; nous nous bornerons à en mentionner deux auprès desquelles il a exercé un ministère officiel. Les Religieuses Dominicaines partageaient avec le Carmel le bénéfice de sa direction, l'ayant depuis fort longtemps pour confesseur extraordinaire. Elles appréciaient tellement cette grâce que l'une de leurs plus vénérées Prieures, la Révérende Mère Saint-Augustin, fit, à sa dernière heure, promettre au bon père d'exercer toujours auprès de ses filles un ministère que Dieu bénissait visiblement.

Les bonnes Sœurs de la Croix, envoyées à Chalon par l'évêque du Puy, à la demande des Jeunes-Économes, furent placées sous l'autorité immédiate de M. Gardette et, depuis lors, ne cessèrent d'être entourées par lui d'une sollicitude vraiment paternelle.

Nous sommes heureux de donner une pieuse consolation au cœur de leur excellente et vénérable supérieure, la bonne Mère de Chantal, en rendant au Père Carme ce public hommage de leur reconnaissance.

Son zèle s'exerçait bien au-delà des limites de Chalon. La Révérende Mère Abbesse des trappistines de Lyon, ayant entendu parler de son expérience des voies intérieures, lui écrivit pour lui demander de vouloir bien prêcher une retraite à ses religieuses. il le fit avec un tel profit pour leurs âmes qu'elles sollicitèrent et obtinrent de l'archevêque qu'il fut nommé leur confesseur extraordinaire. Il allait alors à Lyon, quatre fois par an, aux époques indiquées par les constitutions religieuses, et se dévouait pour les filles de saint Bernard avec la même générosité que pour les filles de Sainte Thérèse et de Saint Dominique.

Sa réputation de piété allait plus loin encore. Comme ils s'étaient rendus à Vichy, son frère et lui, pour une saison d'eaux, ils s'aperçurent, en arrivant, qu'ils avaient oublié de se munir d'un *celebret* (1). Ils furent un instant très inquiets. Rester plusieurs jours sans dire la sainte messe était pour le Père Carme plus qu'un incident de voyage, c'était un malheur auquel il ne se résignait pas et qui allait donner aux eaux une saveur amère tout-à-fait imprévue. Ils allèrent trouver le curé de la paroisse, lui exposèrent leur embarras et déclinèrent leurs noms et leur résidence. « Ah ! vous êtes les abbés Gardette de Chalon, dit M. le curé de Vichy, très bien ! Mais quel est celui de vous deux qui est le *saint* ? » — « Le voici ! » reprit aussitôt Elie, en désignant son frère qui, les yeux baissés et ne sachant que dire, demeurait tout confus de cette canonisation improvisée. Il ne fut plus question de *celebret*.

Ni les saisons d'eaux ni les voyages ne parvenaient à distraire son esprit des grandes pensées de la foi. En 1872, il avait été délégué pour porter à Lourdes une bannière offerte par les Chalonnais. Au retour

(1) Permission de dire la messe délivrée par l'Evêque.

de ce pieux pèlerinage, il écrivit une lettre que nous citons parcequ'elle nous montre, une fois de plus, dans quelles sphères se tenaient habituellement ses pensées :

Toulouse, 8 octobre 1872.

« Ma bien digne Mère,

« Je n'ai reçu votre lettre qu'au moment de mon « départ et je profite de la première halte pour vous « donner une nouvelle expression de mon vivant « souvenir. Si j'envisage les différentes phases du « long itinéraire que j'ai suivi, il me semble que bien « des jours se sont passés depuis notre séparation ; « si je compte les merveilleux événements dont j'ai « été le témoin, je trouve plus qu'il ne faut pour les « centupler encore.

« Je suis fort content d'avoir eu une part dans ce « pèlerinage de Lourdes qui doit rappeler une « grande manifestation de foi catholique. A ce point « de vue, qui est le vrai, cette pieuse pérégrination « m'a causé une ineffable joie ; mais pour jouir véri- « tablement, dans l'ordre d'un sentiment personnel « et intime, j'aurais eu besoin de plus de silence et « de calme.

« Si, à mesure que le chrétien s'avance dans la vie, « il voit les grandes choses de la nature descendre et « celles des âmes monter, il en est bien encore autre- « ment du prêtre. A lui, il ne suffit pas qu'il touche « au surnaturel, il a besoin de s'y plonger ; il ne se

« trouve pas à sa place dans la nef du temple, il sou-
« pire vers le sanctuaire. Il sent d'ailleurs que, pour
« aimer à la manière de son sacerdoce toutes les
« choses qui remuent les âmes, il est nécessaire
« qu'il communique lui-même plus directement avec
« Dieu. »

Cette élévation de sentiments se retrouve invariablement dans toute sa correspondance. La plume comme la bouche, parle de l'abondance du cœur.

IX

Si remarquable que puisse être dans son ensemble, la vie d'un aumônier de Carmel, les dates qui méritent d'être fixées y sont relativement rares. Cependant nous en noterons deux ou trois encore.

En 1858, M. l'abbé Gardette fut nommé chanoine honoraire d'Evreux. Voici en quelles circonstances. Avant de partir pour son diocèse, Mgr Devoucoux fit une visite au Carmel de Chalon où il avait sa sœur. Il était accompagné de Mgr de Marguerye et de l'aumônier de la maison. Au moment de quitter le couvent, sans avoir prévenu personne de son intention, il se tourne vers l'évêque d'Autun et lui dit, en désignant M. Gardette : « Monseigneur, si vous le permettez, je vais créer ici mon premier chanoine.» Mgr de Marguerye, qui ne l'appelait jamais que son « cher père Carme, » ne pouvait ni refuser la permission demandée, ni rester longtemps en retard sur son collègue d'Evreux. Quatre ans plus tard (1862) l'aumônier du Carmel était chanoine d'Autun.

L'année 1867 réservait au cœur des abbés Gardette une bien douloureuse épreuve. Depuis près de trente ans, ils avaient le bonheur de posséder auprès d'eux leur mère, celle que l'on aimait à nommer *la bonne dame Gardette.* Dire ce qu'étaient la paix, la sérénité, le charme, la joie même de cet intérieur où toutes les vertus semblaient réunies, est chose difficile. Il plut à Dieu de retirer l'un des éléments de ce bonheur. Madame Gardette s'éteignit pieusement le 5 mars 1867, à l'âge de 80 ans, entourée des prières et des larmes de ses fils. Peu d'instants avant sa mort, reposant ses regards sur ceux qui lui avaient donné ici-bas de si pures jouissances, elle avait dit ces mots : « Oh ! j'ai eu deux bonheurs « sur la terre.....» et tandis que ceux qui étaient présents s'attendaient à l'entendre parler de ses fils et de ce qu'ils avaient été pour elle, elle ajouta lentement, avec une impression de piété ineffable : « *me confesser et communier.*» Parole sainte ! effusion suprême d'une âme toute dégagée des choses de ce monde, et qui laissa dans le cœur de ses fils un écho d'une douceur infinie !

La brèche faite à leurs joies intimes avait été ouverte par la main de la Providence avec tant de précautions, elle leur rappelait si sûrement le passage d'une âme chère à un monde meilleur que les années qui suivirent ce départ peuvent encore être comptées parmi les années heureuses.

En 1875, une maladie grave conduisait le Père Carme aux portes du tombeau. Son pauvre frère faisait mal à voir. Il avait besoin de sentir habituellement près de lui un cœur qui sût le comprendre, l'aider, parfois le soutenir. Le Père Carme lui donnait tout cela, et la perspective d'une séparation d'avec ce frère bien aimé brisait l'âme du curé de Saint-Vincent.

Combien de fois, durant les heures de leurs silencieuses prières, les pieuses Carmélites ne l'entendirent-elles pas sangloter dans leur chapelle, au pied de ce tabernacle que son frère aimait tant! Jésus aussi l'entendit ; et, comme autrefois au bourg de Béthanie, ému de compassion par ces larmes fraternelles, il laissa à la terre celui qu'il avait semblé vouloir appeler à l'éternelle récompense.

Toutefois l'épreuve conjurée allait se renouveler et s'accentuer sous d'autres formes. La coupe d'or, où pendant un tiers de siècle, ces deux prêtres avaient trouvé un breuvage presque constamment salubre et doux était épuisée. Au fond restait la goutte amère. M. Elie Gardette ne se plaignit pas quand elle arriva à ses lèvres. Il se résigna et la but, sentant qu'il allait en mourir.

Foris pugnæ, intus timores! (1) Ce texte de saint Paul fut l'un des derniers qu'il développa en chaire, et l'on se disait, en l'écoutant, que cette vérité s'appliquait à lui avec une poignante exactitude. Il était devenu soupçonneux. Un mot lui portait ombrage, Le moindre obstacle qui se dressait devant lui prenait, à ses yeux, la proportion d'une montagne. Une légère contradiction, que d'autres n'auraient pas entendue ou auraient méprisée, lui était sensible comme

(1) Au dehors les combats, au dedans les craintes !

une persécution. Bien que les mesures vexatoires qui avaient été prises dans quelques grandes villes eussent été épargnées jusque là à sa paroisse, il les voyait venir et s'en préoccupait excessivement. La dernière fois qu'il monta en chaire, au mois de novembre 1877, il parla sous l'impression de ces combats du dehors et frayeurs du dedans. A la fin de son discours, sa voix était entrecoupée par l'émotion plus encore que par la fatigue. On ne l'entendait plus. Il s'en rendit compte, et en rentrant à la sacristie il disait, les larmes aux yeux : « C'est fini, c'est fini, je ne puis plus me faire comprendre.» Qu'on juge de la douleur de son frère qui assistait impuissant à cette agonie morale !

L'agonie du corps ne fut pas longue. Alité seulement pendant trois jours, M. Elie Gardette eut une dernière consolation, celle de voir groupés, autour de son lit de souffrance, les cœurs les plus profondément attachés au sien et termina, le 2 août 1878 par une mort édifiante et précieuse devant Dieu, une vie consacrée tout entière au devoir.

Un indicible déchirement se produisit d'abord dans l'âme du Père Carme. Ce fut l'heure de Gethsemani, avec son trouble, ses angoisses, son accablement. Mais cet état ne se prolongea pas. La paix revînt. Il prononça le *fiat*, puis s'éleva plus haut : il remercia le divin Maître d'avoir appelé à la Couronne de gloire celui qu'il avait vu saigner sous la couronne d'épines.

X

Quand il eut rendu à son aîné les derniers devoirs,

M. l'abbé Gardette eut la pensée de quitter Chalon et d'aller ensevelir dans la solitude et la retraite les jours qui lui restaient à vivre. Il tourna ses regards vers le petit village d'Ars où repose la dépouille mortelle de l'humble curé qu'il avait tant aimé et près de laquelle il lui serait, pensait-il, plus doux et meilleur de mourir. Heureusement ce projet ne se réalisa pas. Retenu à son poste par les instantes sollicitations de ses filles du Carmel et de tant d'autres âmes dont il était le conseiller et le consolateur, il ne songea plus qu'à se dépenser, dans la pratique de ses devoirs, avec un dévouement plus grand que jamais.

Dieu l'attacha d'ailleurs à la paroisse par des liens nouveaux. M. l'abbé Pompanon, filleul de son frère, et son «bon cousin,» (c'est le nom qu'il lui donnait) fut appelé à la cure de Saint-Vincent et le fit nommer membre du conseil de Fabrique. C'était un hommage rendu tout à la fois à son dévouement, à sa générosité et à la mémoire de son frère. Nous savons que cette attention lui fut très sensible.

Ceux qui ont eu l'honneur de le voir de plus près, pendant cette dernière période de sa vie, ont pu admirer ce qui se fit alors de progrés, nous oserions presque dire de transfiguration, dans son âme déjà si belle. A mesure que les années passaient sur lui, elles semblaient le revêtir d'une sainteté toujours plus empreinte de bonté, de douceur, de condescendance, d'abnégation surtout. Cette dernière vertu, l'une des plus rares et des plus difficiles, devint comme le milieu hors duquel il ne savait plus se mouvoir. De sa volonté il ne faisait plus usage que pour tenir bien haut les droits de son Maître. Pour ce qui le concernait personnellement, il ne voulait plus rien. Quand on lui demandait ce qu'il préférait, dans ce qui pouvait plus ou moins s'harmoniser avec ses projets et ses désirs : « Comme on voudra, » répondait-il toujours. Et cela, non-seulement quand il devait s'ensuivre pour lui un dérangement ou un sacrifice, mais encore lorsque sa santé était exposée à en souffrir. *Ne gêner personne et ne se refuser à personne* était devenu la double règle de sa vie.

Sa bienveillance pour le prochain était égale à sa sévérité pour lui-même. Tous les religieux, de quelqu'ordre qu'ils fussent, qui s'arrêtaient à Chalon, distinguaient bien vite, parmi le clergé Chalonnais, ce prêtre exemplaire. Une fois qu'ils le connaissaient, ils allaient droit à sa maison et s'y installaient avec autant de plaisir que dans leur couvent, sûrs de retrouver, près de cet homme de Dieu, quelque chose de la piété de leur cloître et de l'isolement de leur cellule.

Frugale quand il était seul, sa table était servie avec un goût qui touchait à la recherche dès qu'il y recevait l'hôte le plus obscur. Malgré toute notre vénération pour sa mémoire, nous ne saurions, sous ce rapport, le proposer comme modèle de simplicité. Son frère lui avait légué cette habitude d'être large au-delà même de ce que réclame la charité chrétienne quand il exerçait les devoirs de l'hospitalité. S'il essaya de se départir de cette générosité, il n'y réussit point. Disons à sa décharge que, dans cette manière d'interpréter l'« *hospitales invicem* » du prince, des Apôtres, il ne cherchait qu'une occasion d'honorer le prochain et de lui prouver qu'il l'accueillerait toujours avec empressement.

Il aimait beaucoup le culte divin et ne comprenait pas qu'on parlât d'économies quand il s'agissait de le rehausser et d'en étaler les splendeurs. Un jour, Mgr de Marguerye s'étonnait qu'il laissât à découvert, en tout temps, sans distinction de jour fériés ou fêtés, les autels de la chapelle renfermant des reliques précieuses, richement enchâssées, et lui en faisait la paternelle observation: « Oh! Monseigneur, répondit-il avec vivacité, si j'avais la clef du ciel, il serait ouvert tous les jours. »

Parlerons-nous d'une part plus intime et soigneusement cachée que le Rédempteur lui donna à son calice de souffrance, pendant les dernières années de sa vie? Dans le public, ceux-là même qui étaient en rapports fréquents avec le Père Carme, n'ont pas été admis à en sonder la profondeur. Nous avouon avoir hésité devant cette tâche délicate. Nous nous sommes demandés s'il ne valait pas mieux laisser le voile jeté par le bon Père sur cette face de son âme jusqu'au jour des glorifications suprêmes où la voix du Seigneur proportionnera l'élévation et la récompense de ses serviteurs à la mesure de ressemblance qu'ils auront eue avec son Fils crucifié. Pourtant, il nous a semblé que nous n'avions point absolument le droit de soustraire à la connaissance des âmes conduites elles-mêmes par la voix du Calvaire et à l'édification de tous, ce fortifiant exemple. Nous le dirons donc simplement : le Père Carme a beaucoup souffert. Avec le bonheur et la vie de son frère, l'âge d'or, dont nous parlions plus haut, s'était évanoui sans retour. Il souffrit dans son corps; mais nous ne nous y arrêterons pas parce qu'il le comptait pour bien . Il souffrit surtout dans son âme, cette âme de prêtre fidèle entre tous, que volontiers on eût crue inondée des délices du ciel! Sa voie était celle des forts, une voie où la croix tient plus de place que la consolation, où le sacrifice passe avant la jouissance. Un jour, dans un épanchement que sa charité lui inspirait pour encourager une âme éprouvée, il lui disait : « Oh! comme vous vous trompez en « croyant que le bon Dieu me gâte. C'est dans la foi « pure et nue que je le cherche, durant les heures « que je passe à ses pieds. »

Son incroyable humilité fut la cause principale de cette souffrance. Dans sa conviction, il était un serviteur, non pas seulement inutile, mais nuisible..... Oui, il se croyait nuisible, lui qui guidait et ramenait à Dieu tant d'âmes! lui, dont toute la vie, sans intermittence, avait été employée à faire aimer et glorifier le divin Maître! lui, dont la prière toute puissante, en se joignant à son dévouement sans bornes, obtenait des résultats merveilleux dont nous pourrions citer plus d'un exemple! Il disait de lui-même, sur un ton de sincérité qu'on ne savait contredire : « Je sens que je suis un obstacle au bien. Sans moi tout irait mieux ! » La peine qu'il en ressentait atteignait, par moments, un tel degré d'intensité qu'elle lui enlevait totalement le sommeil.

Cet état intérieur fut un martyre. Il n'en eût même

jamais parlé, si de filiales indiscrétions ne l'eussent pour ainsi dire forcé à livrer son douloureux secret. Ces très rares confidences lui faisaient du bien. Elles donnaient lieu, on le comprend, à des assurances, à des témoignages probants, tirés des faits indéniables ; et ce regard, jeté comme malgré lui et à la dérobée sur ses œuvres et sur leurs heureux fruits, ramenait un peu de calme dans son âme. Il disait alors : « Oh ! si je pouvais croire être bon à quelque « chose, ce serait trop, trop de bonheur ! Mais non, « reprenait-il aussitôt, je crois que je gâte tout ..... »

Un jour, même, l'excès de son amertume lui fit prononcer ces incompréhensibles paroles : « Je me sens « tellement écrasé sous le poids de mon indignité que, « si Monseigneur l'évêque venait à m'interdire, je ne « prononcerais pas un mot pour ma défense. » Trouve-t-on, dans la vie des saints, des exemples d'une plus profonde humilité ?

Ce fut sous l'influence de cette sorte d'idée fixe, relative à son indignité, que M. Gardette résolut, une seconde fois, mais d'une manière beaucoup plus formelle que la première, de renoncer à tout ministère et de quitter Chalon. Les choses allèrent assez loin et son projet fut à la veille d'être exécuté. Le Révérend Père Mathieu Lecomte, dominicain, fondateur d'un couvent de son ordre à Jérusalem, étant venu à Chalon, sur ces entrefaites, lui dit qu'il avait l'intention d'offrir un lieu de retraite aux prêtres qui voudraient finir leur vie près du tombeau du Sauveur. La piété du Père Carme se laissa tenter par cette perspective, et croyant entendre dans la parole du Père nicain une indication de la Providence, il ne fit plus mystère de ses desseins et annonça à la communauté des Carmélites et à plusieurs personnes de sa connaissance qu'il se retirait à Jérusalem. Sa demande était déjà adressée à l'Evêché et, n'ayant pas reçu encore de réponse négative, il croyait pouvoir compter sur l'agrément de Monseigneur. Ce fut un véritable émoi dans la ville. On venait, de toutes parts, au Carmel, s'informer s'il était vrai que Chalon allait perdre le prêtre vénéré que tout le monde nommait le *bon Père*. Les religieuses, fort inquiètes elles-mêmes, ne savaient quels moyens prendre pour le retenir. Elles firent ce que fit autrefois sainte Scolastique dans son pieux et charmant débat avec son frère saint Benoît ; elles s'adressèrent à Dieu et elles en obtinrent qu'un paternel et amical refus de Monseigeur Perraud retint leur Père à son poste. La lettre de son évêque eut au moins pour résultat de calmer un instant ses scrupules. Il se remit au travail, en attendant la fin.

XI

Cette notice serait bien incomplète si, avant de parler des derniers moments du Père Carme, nous ne disions quelques mots des relations qui l'honorèrent et qu'il dut autant à sa piété qu'à sa vie commune avec son frère.

Nous avons déjà écrit le nom du Curé d'Ars et nous le laissons au premier rang, non-seulement à cause du commencement d'auréole sainte qui se dessine autour de sa mémoire, mais aussi parce que

M. Vianney fut, de tous ses amis, celui qui reçut ses plus intimes confidences et dont l'influence laissa, dans sa vie, les traces les plus profondes. Le Père Carme était allé de bonne heure aviver, à ce foyer de lumière et d'amour, la flamme de son propre cœur. Au premier abord, ces deux âmes sacerdotales se devinèrent et le lien d'une amitié surnaturelle les unit pour jamais. Chaque année, M. Gardette dérobait quelques jours à ses occupations et s'enfuyait secrètement auprès de celui qu'il appelait « son Père » et dont les paroles étaient pour lui des oracles. Quels entretiens s'échangèrent alors dans cette pauvre chambre où les pèlerins du monde entier viennent aujourd'hui chercher le souvenir de l'humble curé de village ! Quelles paroles embrasées s'élevèrent de ces cœurs et montèrent vers Dieu ! Bien des fois le Père Carme a parlé de ces moments délicieux, ineffaçablement gravés dans sa mémoire, et quelque chose de l'émotion qu'il ressentait encore passait dans l'âme de ceux qui l'entendaient. Il se confondait en se souvenant de la familiarité toute confiante que le bon curé lui témoignait. Mais M. Viannay, lui aussi, vénérait son ami et lui donnait le nom de *saint*. Il disait aux personnes de Chalon qui allaient le consulter : « Pourquoi venez-vous à moi ? vous avez deux saints dans votre ville, M. Dorey l'aumônier de l'Hôpital et M. Gardette, l'aumônier du Carmel. » Que pourrait-on ajouter à un pareil témoignage !

Le révérend Père Jandel étant venu, vers 1848, peu de temps avant d'être nommé Maître général des Frères Prêcheurs, donner, à Saint-Vincent de Chalon, une station quadragésimale, se lia avec MM. les abbés Gardette d'une amitié durable. A son invitation, et pressé par son propre désir, l'abbé Jean-Marie se fit inscrire dans les rangs du Tiers-ordre de Saint-Dominique. Dieu voulait associer son âme, par des liens divers, à presque toutes les grandes familles religieuses dont il saisissait l'esprit avec une rare pénétration. Dès lors, le Révérend Père Jandel ne voulut plus l'appeler autrement que son « cher frère. » Dans une lettre datée de Nancy, le 15 août 1848, et qui fait ressortir la toute religieuse simplicité de celui qui l'écrivait, autant que l'humilité du destinatiare, l'éminent fils de Saint Dominique disait au Père Carme :

« Mon bien cher frère,

« . . . . . il faut tout d'abord que je vous recommande « de laisser de côté les expressions cérémonieuses « de *Révérence*, etc., et d'en agir avec moi en toute « simplicité et cordialité, comme avec un *frère et* « *ami*. Dans la multitude des personnes que mon « ministère me donne tous les jours l'occasion de « connaître, vous êtes bien certainement du petit « nombre de ceux dont l'affection m'est plus pré- « cieuse et le souvenir plus cher, et c'est pour cela « que je tiens à dépouiller complètement entre nous « tout ce qui sent trop la politesse et qui ne convient; « pas à des hommes qui doivent être morts au monde « j'attends donc de vous, à l'avenir, cette nouvelle « preuve d'affection. »

La leçon dut être agréable au bon Père ; mais nous doutons fort qu'il en ait profité. Les habitudes de politesse, de déférence, de profond et très sincère respect envers ceux qu'il savait au-dessus de lui étaient, de sa part, si spontanées qu'une observation amicale, même venant du Père Jandel, ne pouvait suffire à en comprimer l'expression.

Mgr Devoucoux, évêque d'Evreux, attachait aussi un grand prix à sa correspondance : « Vos bonnes « lettres, lui écrivait-il, ont toujours un grand mé- « rite à mes yeux. Elles sont dictées par l'esprit de « foi et le dévouement pour les âmes..... La vie d'un « prêtre est si belle quand elle ne tend qu'à la gloire « de Dieu ! »

Et plus tard, quand l'humble aumônier fut nommé chanoine d'Autun : « Ce m'a été un bonheur d'ap- « prendre le nouveau titre qui vous attache de plus « en plus à la sainte Eglise pour laquelle votre vie « est un acte constant de dévouement. »

Mgr Mermillod l'avait invité, à Rome, à la cérémonie de son sacre et saisissait toutes les occasions de lui faire redire son souvenir et de se recommander à ses prières.

Naturellement abondant, Mgr Bouange fut, de tous les prélats qui eurent des rapports avec le Père Carme, celui qui lui écrivit le plus fréquemment et le plus longuement. Nous avons retrouvé, de lui, plusieurs lettres vraiment touchantes, dans lesquelles transparaissent la tendresse de son cœur et son angélique piété. En 1872, après le départ de Mgr de Marguerye, croyant quitter, lui aussi, le diocèse d'Autun dont il était vicaire généra', il écrivait à M. Gardette :

« Très-cher ami,

« ..... Pardonnez-moi de ne pas venir. Vous dire « adieu chez vous, à vous qui m'avez rendu si heu- « reux par votre attachement, est au-dessus de mes « forces. Je n'en ai que pour m'abandonner à la vo- « lonté de Dieu. Elle a toujours été ma vie, et plus « que jamais je dois vivre de cet abandon et de l'a- « mour de la Croix. Mais si Dieu nous sépare exté- « rieurement, mon cœur vous demeure à toujours « tout reconnaissant et tout dévoué. »

Cet adieu devait être retardé. Nous en retrouvons l'expression dans une lettre du mois d'octobre 1871 adressée collectivement aux deux frères :

« Très chers amis,

« A cette heure si douloureuse où s'accumulent « pour moi tous les sacrifices, toutes les séparations « les plus déchirantes, votre prière, ô amis si chers « entre tous, me soutiendra, je l'espère. A peine « puis-je vous écrire quelques lignes d'une main « toute tremblante, les yeux pleins de larmes et le « cœur brisé d'avoir à vous dire adieu. Personne ne « vous a aimés plus que moi...»

Quelques mois seulement avant sa mort, à la fin de novembre 1883, le pieux prélat écrivit encore à son ami les lignes suivantes qui montrent combien Chalon lui tenait au cœur.

« Très cher et vénéré ami,

« ..... Il y a bien un autre souvenir qui demeure « toujours présent à mon cœur : cette chère cité de

« Chalon où je trouvais tant d'amis ! et quels amis !
« Eh bien, le croiriez-vous ? c'est ce qui m'a empê-
« ché jusqu'ici d'aller vous voir ; le courage m'a
« manqué pour aborder tant d'émotions de toutes
« sortes, pour aller prier auprès de quelques tom-
« beaux. Tout se brisait dans mon âme lorsque je
« passais près de cette ville. Je la bénissais de tout
« cœur, c'était tout ce que je pouvais faire. Je le fais
« tous les jours au saint autel. Pourtant je ne puis
« m'imposer plus longtemps ce sacrifice ; la bonté
« de Dieu me donnera les grâces de vous revoir,
« l'année prochaine, de vous bénir chez vous. Tout
« me dit que je touche à mes derniers jours. Je ne
« voudrais point mourir sans avoir pu vous dire à
« tous combien je vous aime, combien je vous suis
« reconnaissant de m'avoir gardé ce fidèle souve-
« nir. »

Les nombreux amis, prêtres et fidèles, que Mgr Bouange a laissés dans le diocèse d'Autun, auront retrouvé dans ces lettres son inaltérable bonté et ne se plaindront pas de la longueur de nos citations.

Ce projet de voyage à Chalon n'eut pas de suite. Les travaux incessants de l'évêque de Langres et ses luttes pour l'Eglise absorbèrent ses derniers mois et usèrent ce qui lui restait de forces. Il mourut au mois de mai 1884.

Deux ans plus tard, M. Gardette fut dédommagé de cette visite vainement espérée par une autre qui ne lui était pas moins précieuse et qui dut lui être plus douce encore ; il eut l'honneur de recevoir Mgr Lelong, évêque de Nevers. Il l'avait connu presque enfant et avait suivi avec un intérêt tout paternel l'épanouissement de sa piété et des rares qualités de son intelligence. Quelle ne fut pas sa joie de revoir le jeune abbé d'autrefois portant avec autant d'aisance que de distinction les insignes de la dignité épiscopale ! Comme il était visiblement heureux et se plaisait à redire de lui : « C'est un prélat modèle ! »

N'est-il pas superflu d'ajouter que notre grand évêque, Mgr Perraud, qui regarde l'honneur rendu à la piété comme le complément nécessaire de la justice, avait aussi pour le Père Carme une estime particulière et lui en donna des preuves en maintes occasions ?

XII

La visite de Mgr Lelong fut la dernière fête de M. Gardette.

Sa santé s'altérait visiblement. Il allait plus rarement au cimetière ; sa marche était devenue pénible et beaucoup plus lente. Il le savait et n'en souffrait point. Tandis que nous constations presque toujours avec tristesse le déclin de nos forces, il en parlait, lui, avec contentement. Trois jours avant sa dernière maladie, un des prêtres nombreux qui lui confiaient la direction de leur conscience étant allé le trouver, il ne vint point aussi promptement que d'habitude. « Eh bien, cher ami, dit-il en arrivant, je vous ai « fait attendre ; vous m'excuserez. C'est que, voyez-« vous, je vais de moins en moins vite, jusqu'à ce « que je m'arrête tout à fait.» Et ce disant, il riait de bon cœur et ajoutait: « Je vous assure bien que, ce « jour-là, je serai très heureux. »

Ce jour désiré par lui, redouté par tant d'autres vînt trop tôt. Le dimanche, 6 mars, comme on administrait les derniers sacrements, sur la paroisse de Saint-Cosme, à une malade qu'il avait visitée, il voulut être présent à la cérémonie. Le soleil du printemps commençait à se faire sentir; la malade demeurait à un second étage! Bien que fatigué et mis en transpiration par le chemin qu'il avait fait et par la montée assez rude de l'escalier, il se tint à genoux, dès que le Très-Saint Sacrement fut entré, jusqu'à la fin des prières de l'Extrême-Onction. Il était près d'une fenêtre ouverte, mais il ne la fit point fermer, sachant que la malade avait besoin d'air, à cause de ses crises d'étouffement. Pendant les jours suivants, il éprouva un malaise général et une grande lassitude.

Le mercredi de cette même semaine, il se rendit, comme d'habitude, vers trois heures, à sa chapelle, pour entendre les confessions de la communauté e se retira très fatigué. Au milieu de la nuit, se sentant mal, il voulut se lever et fut pris d'une faiblesse. MM. les docteurs Chavériat et Baptault appelés à la hâte lui prodiguèrent leurs soins. Tout fut inutile. Dès le premier jour des symptômes inquiétants se manifestèrent et des accidents graves donnèrent de vives alarmes. Pourtant, le pieux malade qui avait dominé si souvent, par son énergie, de grandes souffrances, voulait encore réciter son bréviaire. Il dut y renoncer devant la violence du mal et renfermer toutes les aspirations de son zèle dans l'acceptation de ses douleurs.

Le samedi, M. l'abbé Gauthey, curé de Saint-Vincent, comprenant combien le bon Père était privé de ne pouvoir dire la messe, s'offrit à lui apporter la sainte communion, le dimanche matin, dès que minuit aurait sonné. Il accepta avec empressement. Cette visite nocturne du divin Ami, qu'il n'avait pas reçu depuis trois jours, fut une joie immense pour son âme. Il s'y prépara avec sa ferveur habituelle. Non content de veiller aux préparatifs nécessaires, il se fit lever, malgré sa faiblesse, et disposa lui-même, sur la petite table qui devait servir d'autel, le corporal, le purificatoire, le crucifix et les lumières ; puis on l'aida à se recoucher et il attendit, dans le recueillement et la prière, son Seigneur et son Dieu. Quand le prêtre entra, quand le malade vit, tout près de lui, le Pain de vie qu'il avait tenu tant de fois entre ses mains pour le distribuer aux âmes, un sentiment d'humilité profonde domina tous les autres dans son cœur, et, reportant sa pensée sur les longues années de son sacerdoce et sur sa vie tout entière, il voulut demander pardon à ceux qui était présents et, en leurs personnes, à tous ceux qui avaient eu quelques rapports avec lui, de toutes les fautes qu'il disait avoir commises, de toutes les peines qu'il avait causées. Il y avait dans sa voix, dans son regard, dans son attitude, une émotion pénétrante. Après cette humble accusation, il reçut la divine Hostie et s'abîma dans l'adoration et l'amour. Toute la journée qui suivit, une agitation fiévreuse des plus pénibles s'ajouta à ses maux; elle s'accentua plus encore, la nuit suivante, et devînt tellement douloureuse que le pauvre malade, d'ailleurs si patient et si courageux, ne put s'empêcher de dire, en voyant poindre le jour : « Ah ! que je suis content que cette nuit soit passée ! »

XIII

L'aurore qui paraissait méritait, en effet, d'être saluée. Elle précédait un soir d'ineffable bonheur, le plus beau, sans doute, de la vie du Vénéré Père. M. le curé de Saint-Vincent, qui suivait avec une religieuse sollicitude les progrès de la maladie, jugea le lundi, qu'il était temps de lui proposer la réception des derniers sacrements. Il lui en parla avec son cœur et sa franchise sacerdotale, et il fut convenu que le soir même, il lui apporterait le saint viatique et lui donnerait le sacrement d'Extrême-Onction.

Un des prêtres qu'il honorait d'une spéciale amitié vint le voir, à la tombée de la nuit, et lui demanda comment il se trouvait : « Oh ! répondit-il, je suis bien heureux. Notre-Seigneur est déjà venu chez moi hier, et il doit revenir ce soir ; je vais recevoir tous mes sarcements ! » *Je suis bien heureux !* Ce sont les paroles qui revinrent le plus souvent sur ses lèvres, et c'est en toute vérité qu'on a pu inscrire sur l'image funèbre qui consacre sa mémoire : *Lœtatus sum in his quœ dicta sunt mihi, in domum Domini ibimus. Je me suis réjoui quand on m'a dit : Nous irons dans la maison du Seigneur.*

A l'heure fixée, M. le curé de Saint-Vincent arriva

accompagné de ses vicaires, et lui donna la sainte communion... pour la dernière fois. Que se passa-t-il, à ce moment, entre le malade et le divin médecin? Quelque chose assurément de ce que saint Paul lui-même, revenant du troisième ciel, a renoncé à décrire. Avant de recevoir le sacrement d'Extrême-Onction, il parla encore de son bonheur et dit, d'une voix bien distincte : « Que la grâce pénètre partout où a pénétré le péché. » A toutes les prières du prêtre il répondit pieusement : *Amen.*

La cérémonie terminée, il demanda qu'on récitât *Magnificat*. Témoins édifiés autant qu'attristés de cette scène d'une sublimité émouvante, nous nous disions intérieurement : Voilà la récompense temporelle de toute une vie consacrée à Dieu ! Au lieu, en effet, d'éprouver l'effroi qu'inspirent à tant d'autres la certitude du jugement et l'incertitude de la sentence cette « âme glorifie le Seigneur et ce cœur tressaille d'allégresse en son Sauveur. » Cet humble comprend que « Celui qui est puissant a abaissé son regard jusqu'à son serviteur » et qu'Il va « l'exalter ». Ce vieillard qui n'a plus qu'un souffle sait qu'il est « l'enfant d'Israël et qu'Israël s'est souvenu de la miséricorde promise à Abraham et à sa race jusqu'à la consommation des siècles. »

Oh ! quels trésors de bonnes et confortantes pensées dans les prières et les cantiques de notre liturgie chrétienne ! Et comme nos yeux, appesantis par les choses de la terre, s'ouvrent avec une sainte avidité à la lumière que des paroles venues du ciel font jaillir du lit d'un mourant !

La nuit fut calme, mais le malade s'affaiblissait toujours. Le mardi matin, 15 mars, il désira qu'une messe d'actions de grâce fut dite à son intention, dans la chapelle du Carmel, à cet autel où il ne devait plus monter. Les religieuses y assistèrent. Le silence de leur monastère semblait plus solennel que jamais. Elles avaient suivi de loin toutes les phases de la maladie de leur vénéré Père. Privées de recevoir ses dernières bénédictions, elles adressaient leurs prières à Jésus-Hostie et lui demandaient de daigner prolonger, pour le bien de leurs âmes, une vie dont, mieux que personne, elles avaient pu apprécier la sainteté.

A onze heures, M. le curé lui donna l'indulgence plénière *in articulo mortis* et l'exhorta à renouveler à Dieu le sacrifice de sa vie. « Oh ! de tout mon cœur, « répondit-il, de tout mon cœur. »

A deux heures de l'après-midi, il demanda les prières des agonisants. Ce furent ses dernières paroles. Sa respiration était de plus en plus embarrassée. Il ne faisait plus autre chose que lever la main pour bénir ceux qui l'approchaient. L'agonie commença vers cinq heures et dura plus de trois heures. A huit heures, il pâlit presque subitement. On l'entendait à peine respirer, et, à huit heures et demie, au moment où, dans la paroisse, on donnait la bénédiction du Très-Saint-Sacrement, la belle figure de M. Gardette semblait s'endormir tandis que son âme s'envolait dans un dernier et insaisissable soupir. Il avait soixante-quatorze ans. Plusieurs prêtres étaient présents. Tous s'accordèrent à dire qu'ils n'avaient jamais assisté à une mort plus édifiante et plus douce.

Quelques minutes après, le bourdon de la cathédrale annonçait à toute la ville que le bon Père Carme n'était plus.

« Quelle perte pour votre Monastère et pour la « ville entière, écrivait aussitôt l'évêque de Nevers « à la mère Prieure du Carmel. On s'habitue diffici- « lement à la pensée que de tels serviteurs de Dieu « peuvent manquer, et pourtant il faut bien qu'arri- « ve pour eux l'heure de la récompense. On serait « égoïste à la leur disputer. »

XIV

Le lendemain et le surlendemain de sa mort, la chambre du défunt fut incessamment visitée et, à certaines heures, littéralement envahie par une foule, à chaque instant renouvelée, de personnes qui voulaient revoir ses traits vénérables, lui faire toucher des chapelets, livres, médailles et prier pour lui.

Le matin du vendredi, jour de l'inhumation, la dépouille mortelle fut portée à la chapelle des Carmélites où devait se faire la levée du corps. C'était une compensation bien légitime à la douleur de ses filles qui ne pouvaient l'accompagner à sa dernière demeure.

Ses obsèques furent splendides. Cette manière de parler, qui trop souvent sert à l'hyperbole, est ici simplement exacte. Elles le furent non-seulement par la pompe que l'on déploya et que la vie digne et grande du défunt semblait commander, non-seulement par la remarquable allocution que M. le curé de Saint-Vincent prononça devant son cercueil, mais surtout par le nombre et la tenue de l'assistance. L'élite de la population et, ce qui vaut mieux encore pour un mort, l'élite des personnes, hommes et femmes, qui savent prier, se pressait dans la vieille cathédrale de Saint-Vincent. Au recueillement, au grand silence émouvant qui régnait dans l'assemblée, on n'avait pas de peine à comprendre que tout ce monde choisi était venu non pour voir, ni par convenance mais pour exprimer ses regrets et répandre devant Dieu ses ferventes supplications.

Avant de mourir, M. Gardette avait disposé de tout ce que son frère et lui possédaient en commun, en faveur d'œuvres pies.

Pour l'édification générale et la consolation des âmes qu'il a conduites, nous voulons terminer cette notice en citant quelques lignes extraites de ses dispositions testamentaires :

« Je meurs dans la foi de la sainte Eglise catholi-
« que, apostolique et romaine, au service de laquelle
« j'aurais voulu consacrer mille vies.

« Je supplie très-humblement les personnes qui
« ont eu des rapports avec moi de me pardonner
« toutes les peines que j'ai pu leur causer, et de
« demander à Dieu qu'il daigne me faire miséricorde
« à l'égard de tant de fautes commises durant mon
« long ministère. Je leur promets à mon tour que,
« si j'ai le bonheur d'être sauvé, comme j'ose l'espé-
« rer des mérites de notre doux Rédempteur, et de
« la protection de Marie, notre Mère souveraine, je

« ferai pour elles et le succès de leurs entreprises, « tous les vœux qu'elles peuvent chrétiennement, « attendre de moi. »

Et maintenant, à nous tous qui l'avons connu, vénéré, aimé, il nous reste à garder pieusement le souvenir de ses vertus, à nous efforcer de l'imiter et à souhaiter de mourir comme lui.

Moriatur anima mea morte justorum!

FIN

1118-87. – Imp. des Apprentis-Orphelins. Roussel, 40, rue La Fontaine.

www.ingramcontent.com/pod-product-compliance
Ingram Content Group UK Ltd.
Pitfield, Milton Keynes, MK11 3LW, UK
UKHW020436180726
13839UKWH00004B/1516

9 782329 522951